Janas
Singlekochbuch

Jana Swiderski

Janas
Singlekochbuch

Für Robert

Bibliografische Information der Deutschen Nationalbibliothek: Die Deutsche Nationalbibliothek verzeichnet diese Publikation in der Deutschen Nationalbibliografie; detaillierte bibliografische Daten sind im Internet über http://dnb.dnb.de abrufbar.

Umschlagfoto Vorderseite: Janet Voß

Umschlagfoto Rückseite:
https://cdn.pixabay.com/photo/2016/10/25/18/05/coffee-1769587_340.jpg

Umschlaggestaltung: Thomas Stappenbeck

Herstellung und Verlag: BoD – Books on Demand, Norderstedt

ISBN: 978-3-7534-2265-7

ZUR EINSTIMMUNG

Kochen hat vor allem etwas mit Liebe, mit Gefühl und Fantasie zu tun. Liebe zu sich selbst – wenn du für dich allein kochst, dann tust du dir selbst etwas Gutes.

Du wärmst dir nicht irgendwelche Fertiggerichte auf, die immer gleich schmecken. Nein, du nimmst dir Zeit für dich. Du sorgst für dich. Und du machst eine Pause vom Alltag. Einkaufen, zubereiten, genießen. Auch allein. All das müssen keine lästigen Pflichten sein. Es kann ein Weg sein, eine neue Aufmerksamkeit für sich selbst und für sein Essen zu entwickeln – Achtsamkeit.

Und deswegen braucht man zum Kochen immer auch Gefühl und Fantasie.

Das Rezept ist eine erste Anleitung, damit das Kochen gelingt. Aber – du musst es auch probieren und bei Bedarf verändern.

Du kannst das Rezept abwandeln. Wenn du dich vegetarisch ernährst, kannst du bei den Fleischgerichten das Fleisch weglassen oder durch etwas anderes ersetzen. Du kannst verschiedene Gemüsesorten ausprobieren oder statt Salzkartoffeln Kartoffelstampf zubereiten, Reis oder Nudeln kochen.

Für das Kochen gilt „Heiter scheitern". Wenn die Zwiebeln schwarz werden oder das Kotelett nach dem Braten innen roh ist, sammelst du deine Erfahrungen. Auch hier gilt: Gefühl entwickeln.

Die meisten Rezepte habe ich für zwei Portionen berechnet, weil das Kochen einer einzigen Portion zu schwierig und aufwändig ist. Aber dann kannst du die zweite Portion entweder am nächsten Tag aufwärmen, sie einfrieren oder du lädst dir einen Gast zum Essen ein. Ich möchte dir zeigen, dass selbstgekochtes Essen nicht nur schmeckt, sondern dass Kochen Freude machen kann. Sei gut zu dir selbst, tu dir etwas Gutes und vor allem:

Lass es dir schmecken!

Berlin, Oktober 2021   Deine Jana

DIE WICHTIGSTEN KÜCHENGERÄTE

Wenn Du regelmäßig kochen möchtest, brauchst du einige Küchenhelfer immer wieder. Diese solltest du dir nach und nach anschaffen.

Auflaufform mittlerer Größe

Pürierstab

Küchenwaage

Messbecher

Elektrischen Mixer

Plastik- oder Holzquirl

Holzküchenlöffel

Fleischmesser

Gemüsemesser

Durchschlag

Größeres Sieb

Muskatreibe

einen guten Sparschäler (am besten von Tuppa)

Kartoffelstampfer – einfach

Fleischklopfer

GRUNDAUSSTATTUNG AN ZUTATEN

Ich arbeite mit einer überschaubaren Zahl von Gewürzen und Zutaten. Diese sollten in deiner Küche aber stets vorhanden sein, da du sie immer wieder benötigen wirst.

Salz

Pfeffer

Curry

Paprikapulver

Gemahlener Kümmel

Zimt

Chili

Zitrone aus der Flasche

Eine Tube Tomatenmark

Mehl

Zucker

Instant-Gemüsebrühe

Lorbeerblätter

Pimentkörner

Semmelmehl

GERICHTE MIT FLEISCH

BLUMENKOHL-BROKKOLI-GEMÜSE

2 Portionen - reichlich

1 kleiner Blumenkohl

1 Packung Brokkoli

2 große Möhren

200 g Kochschinken – abgepackt

Für die Käsesoße

50 g Butter, 30 g Mehl (1 gehäufter Esslöffel)

250 g Sahne (1 Becher reicht), 125 ml Milch

120 g Reibekäse

Salz und Pfeffer

Geriebene Muskatnuss

1. Den Strunk des Blumenkohls herausschneiden, Blätter entfernen, den Kopf in Röschen teilen, waschen und abtropfen lassen.
2. Brokkoli waschen und abtropfen lassen, Blätter entfernen, die Röschen vom dicken Strunk trennen, die Stiele mit dem Sparschäler etwas schälen.
3. Möhren mit dem Sparschäler schälen und fein würfeln. Den Kochschinken in Streifen schneiden.

4. Leicht gesalzenes Wasser in einem großen Topf zum Sieden bringen, Blumenkohlröschen hineingeben, nach 3 Minuten Möhren und Brokkoli dazu und weitere 7 Minuten garen lassen. Dann Abgießen und abtropfen lassen.

5. Den Backofen auf 200 Grad vorheizen. Butter in einem kleinen Topf zerlassen, das Mehl unter Rühren zugeben und hell anschwitzen. Mit Sahne und Milch aufgießen, ständig rühren und etwas köcheln lassen (falls es klumpt, einfach mit dem Pürierstab nachhelfen). Den Käse unterrühren. Mit Salz und Pfeffer würzen (abschmecken!) und etwas köcheln lassen, bis der Käse sich aufgelöst hat.

6. Das Gemüse in eine Auflaufform geben, mit dem Schinken bestreuen und mit der Käsesoße übergießen. Bei 200 Grad ca. 15 Minuten knusprig backen.

Dazu passen Salzkartoffeln. Mmmm…..

SCHNITZEL MIT BRATKARTOFFELN UND TOMATEN-ZWIEBEL-GEMÜSE

2 Portionen

2 bis 3 große Tomaten

3 mittlere Zwiebeln

3 bis 4 mittlere Kartoffeln

1 Packung gewürfelten Schinken

2 mittlere Schnitzel – Schwein oder Geflügel

Öl

Salz

Pfeffer

1. Tomaten mit heißem Wasser überbrühen, den Strunk herausschneiden, die Schale abziehen und würfeln.
2. Zwiebeln pellen und würfeln.
3. In einem Topf Öl erhitzen, 2/3 der Zwiebeln dünsten bis sie glasig werden, die Tomatenwürfel hinzufügen, vorsichtig salzen und pfeffern und bei geschlossenem Deckel und geringer Hitze ca. 10 min dünsten.
4. Kartoffeln schälen, halbieren und in sehr feine Scheiben schneiden. Öl in einer Pfanne erhitzen. Wenn das Öl richtig heiß ist, die Kartoffelscheiben in die Pfanne geben. Solange braten, bis sie leicht braun werden, dann

wenden und von der anderen Seite braten. Nun die restlichen Zwiebelwürfel und die Schinkenwürfel hinzufügen, vorsichtig salzen und pfeffern. Bei Bedarf noch etwas Öl zugießen. Die Pfanne mit einem Deckel schließen und das Ganze ca. 5 min garen lassen. Dann probieren und abschmecken.

5. Die Kartoffeln in der Backröhre warm halten.

6. Die Schnitzel klopfen, salzen und pfeffern. In leicht gewürztem, geschlagenem Ei und in Semmelbrösel wälzen. In heißem Öl von beiden Seiten kräftig anbraten. Bei geschlossenem Deckel und geringer Hitze ca. 5 min garen lassen. Nicht zu lange, sonst wird das Schnitzel hart. Prüfen – es muss ich leicht mit einer Gabel anstechen lassen.

7. Das Schnitzel zusammen mit dem Gemüse und den Bratkartoffeln auf einem Teller anrichten. Fertig. Hmmm…..

Variante:

Du kannst auch Möhren-, Kohlrabi- oder Blumenkohlgemüse dazu reichen.

BRATWURST MIT SAUERKRAUT UND STAMPFKARTOFFELN

2 Portionen

Zwei bis drei Bratwürste

1 kleine Dose Sauerkraut

1 mittlere Zwiebel

Etwas Apfelsaft

6 mittlere Kartoffeln

2 Tassen Milch

Eine Ecke Butter

Öl

Salz

Pfeffer

1. Kartoffeln schälen, in grobe Stücke schneiden und mit etwas Salz und Wasser zum Kochen bringen (das Kochwasser mit dem Finger abschmecken, es sollte leicht salzig schmecken). Kartoffeln maximal 15 Minuten kochen.

2. Die Zwiebel abpellen, das Sauerkraut abgießen und recht klein hacken, etwas Öl in einem Topf erhitzen, die Zwiebel glasig dünsten, dann das gehackte Sauerkraut und ein wenig Apfelsaft hinzufügen. Bei mäßiger Hitze ca. 15 min. garen. Keine Gewürze!

3. Öl auf einer Pfanne erhitzen. Die Bratwürste mit einem Messer quer etwas einschneiden und in dem heißen Fett von beiden Seiten braten.

4. Milch in einem Topf erwärmen. Sind die Kartoffeln gar, dann abgießen, auf der heißen Herdplatte dämpfen. Dann mit einem Kartoffelstampfer stampfen, bis keine Stücke mehr zu sehen sind. Etwas Milch zugießen und eine Ecke Butter hinzufügen. Gut durchrühren und mit Salz und Pfeffer abschmecken.

5. Stampfkartoffeln mit Bratwurst und Sauerkraut anrichten. Hmmm.....

BULETTEN MIT KOHLRABIGEMÜSE UND SALZKARTOFFELN

2 Portionen

2 mittlere Kohlrabis

Eine Ecke Butter

Muskatnuss zum Reiben oder geriebene Muskatnuss

Salz

300 g Gehacktes halb und halb

1 Ei

2 – 3 Esslöffel Semmelmehl

1 mittlere Zwiebel

Salz

Pfeffer

4 – 5 mittlere Kartoffeln

1. Semmelmehl in eine größere Schüssel geben, mit reichlich Wasser bedecken und quellen lassen. Hackfleisch und Ei hinzugeben. Zwiebel klein würfeln und hinzufügen. Vorsichtig salzen und pfeffern. Alles mit der Hand verkneten. Abschmecken. Ggf. nachwürzen. Dann mittelgroße Buletten formen und auf einer Platte ablegen. Öl in einer Pfanne erhitzen. Ist das Öl heiß ist, die Buletten auf die Pfanne geben und etwas plattdrücken. Hitze reduzieren, damit sie nicht schwarz werden. Wenn sie gut Farbe angenommen haben,

dann wenden und von der anderen Seite braten. Dabei etwas nach Gefühl gehen, wann der Klops gar sein könnte. Ggf. mal einen durchschneiden und probieren. Sind die Klopse gar, dann von der Pfanne nehmen und die restlichen Buletten aufbraten.

2. Die Kohlrabis schälen und würfeln – nicht zu grob. In einen Topf tun, mit Wasser bedecken, etwas Salz hinzufügen und zum Kochen bringen. Nach gut 10 min einen Würfel probieren, ob der Kohlrabi gar ist. Ggf. noch ein wenig kochen lassen. Wenn gar, dann abgießen, eine Ecke Butter unterrühren und mit Salz und Muskat abschmecken.

3. Die Kartoffeln schälen, mit Salzwasser bedecken und zum Kochen bringen. Nach ca. 12 min die Kartoffeln mit einer Gabel prüfen. Wenn sie gar sind, abgießen, auf der heißen Herdplatte dämpfen.

4. Kartoffeln mit Kohlrabigemüse und Buletten auf einem Teller anrichten, etwas Bratenfett oder Butter über die Kartoffeln geben. Fertig. Hmmm…..

CHILI CON CARNE

für 2 Tage

800 g Rinderhackfleisch oder halb und halb

2 mitelgroße Zwiebel(n)

3 Zehen Knoblauch

Öl, zum Braten

1 Paprikaschote, rot

2 EL Tomatenmark

1 gr. Dose   Tomaten (ca. 800 g), stückig oder 2 kleine
Dosen, gehackt

1 Dose Kidneybohnen (480g)

1 Dose Mais (200g)

500 ml Brühe (aus Instant-Brühe anrühren)

Cayennepfeffer

Paprikapulver

Chilipulver

Salz und Pfeffer

Zucker

Frisches Baguette oder eine Packung Reis aus dem Kochbeutel

1. Die Zwiebeln pellen, würfeln und in einem tiefen Topf im Öl goldgelb anbraten. Hackfleisch zufügen, gut anbraten und Farbe nehmen lassen. Dabei das Hackfleisch zerkleinern.

2. Paprika putzen, würfeln und zum Hackfleisch geben. Tomatenmark zufügen und etwas anrösten. Die Tomaten, den gepellten und zerkleinerten Knoblauch sowie Gewürze (Zucker, Salz, Pfeffer, Paprika, Chili oder Cayenne) zugeben. Lieber etwas vorsichtiger würzen und gegebenenfalls nach der Kochzeit nachwürzen.

3. Mit Brühe auffüllen und bei mittlerer Hitze 30 - 45 Minuten kochen lassen, ist die Flüssigkeit verkocht, immer wieder Brühe angießen.

4. Kurz vor Ende der Garzeit Bohnen und Mais aus der Dose befreien, gründlich abspülen und zufügen. Diese nur wenige Minuten mit garen. Anschließend alles noch einmal abschmecken und gegebenenfalls nachwürzen. Am besten schmeckt ein Chili gut durchgezogen, ist also wunderbar am Tag vorher vorzubereiten!

Chili con Carne in einem tiefen Teller servieren. Dazu passt ein knuspriges Baguette oder auch Reis (nach Anleitung aus dem Kochbeutel). Hmmm....

FISCHSTÄBCHEN MIT ERBSEN UND KARTOFFELSTAMPF

2 Portionen

1 Packung Tiefkühl-Fischstäbchen (15 Stck.)

1 Glas oder Dose grüne Erbsen (oder die gewünschte Menge Tiefkühl-Erbsen)

6-7 mittlere Kartoffeln

Eine große Tasse Milch

2 Ecken Butter

Öl zum Braten

Salz und Pfeffer

1. Kartoffeln schälen, mit Salzwasser bedecken und zum Kochen bringen.
2. Erbsen mit Salzwasser bedecken und zum Kochen bringen.
3. In einer Pfanne reichlich Öl erhitzen. Die gefrorenen Fischstäbchen in das heiße Fett geben, Hitze etwas reduzieren, damit die Stäbchen nicht schwarz werden und krossbraten (mit einer Gabel prüfen). Die Stäbchen dann wenden und von der anderen Seite krossbraten.
4. Milch erwärmen. Sie muss nicht kochen.

5. Kartoffeln mit einer Gabel prüfen. Wenn sie gar sind, abgießen, auf der heißen Herdplatte dämpfen. Dann von der Platte nehmen, mit einem Kartoffelstampfer durchstampfen, die warme Milch und eine Ecke Butter dazugeben, noch einmal durchstampfen und mit Salz und Pfeffer abschmecken.

6. Erbsen prüfen (kosten). Wenn sie gar sind, abgießen. Eine Ecke Butter dazu und mit Salz und Pfeffer abschmecken.

7. Fischstäbchen mit Erbsen und Kartoffelstampf auf einem Teller anrichten. Fertig. Hmmm….

GEFÜLLTE PAPRIKA

2 Portionen

2 große rote Paprikaschoten

300 g Mischgehacktes

1 Zwiebel

1 Beutel Reis

1 Ei

3 Esslöffel Semmelbrösel

Salz, Pfeffer, Brühe

Öl

eine Ecke Butter

2 Esslöffel Mehl

1 Bund Petersilie

Zitrone aus der Flasche

Tomatenmark aus der Tube

1. Das Gehackte zubereiten: Semmelbrösel in reichlich Wasser einweichen – mit Augenmaß, die Zwiebel pellen und klein würfeln. Hackfleisch zu den Semmelbröseln geben, Zwiebelwürfel und ein Ei hinzufügen. Vorsichtig salzen und pfeffern. Mit einer Hand durchkneten und dann abschmecken, ggf. nachwürzen.

2. Paprikafrüchte waschen und mit einem spitzen Messer entkernen. Dann mit dem Hackfleisch füllen. Sollte etwas übrig sein, kleine Klößchen formen.

3. In einem Topf Öl erhitzen. Die gefüllten Paprika mit der flachen Seite in das heiße Fett geben. Vorsicht – das spritzt. Etwas anbraten lassen. Dann mit ca. 3/8 Liter Wasser auffüllen und die Paprikafrüchte mit einem Pfannenwender vorsichtig vom Boden lösen. Etwas Brühe oder Salz in das Kochwasser geben, kurz aufkochen lassen und dann Deckel drauf. Bei geringer bis mäßiger Hitze ca. 30 min garen lassen.

4. Den Reis nach Anleitung aus der Packung zubereiten. Den fertigen Reis in eine Schüssel geben und eine Ecke Butter unterrühren.

5. Wenn die Paprika gar sind, diese mit einer Schaumkelle aus dem Topf nehmen.

6. Den Sud aufkochen. In einem Becher oder in einer Tasse etwas leicht gesalzenes Wasser mit zwei Esslöffeln Mehl verquirlen. Das angerührte Mehl unter schnellem Rühren in den Sud geben. Mit Salz, Pfeffer, einem Esslöffel Tomatenmark und einem Spritzer Zitrone abschmecken. Petersilie hacken und unterrühren.

7. Reis und Paprika auf einem Teller anrichten, Soße darüber. Hmmm.....

LEBER MIT ZWIEBELN UND KARTOFFELSTAMPF

2 Portionen

Ca. 400 g Geflügelleber

4 -5 große Zwiebeln

1 großen Apfel

6 mittlere Kartoffeln

Salz

Mehl

Öl

Milch

Eine Ecke Butter

1. Leber waschen, trockentupfen, ggf. in mundgerechte Stücke teilen und in Mehl wälzen.
2. Die Zwiebel in Wasser einweichen, dann pellen und in Halbringe schneiden.
3. Den Apfel entkernen, schälen und würfeln.
4. Kartoffeln schälen, in Stücke schneiden und in Salzwasser aufsetzen. Wenn das Wasser siedet, ca. 12 – 15 min garen.
5. Öl in einer Pfanne erhitzen und zunächst die Zwiebeln anbraten bis sie Farbe angenommen haben. Die

Apfelwürfel dazugeben und mitdünsten. Wenn alles gar ist, mit Salz und Curry abschmecken und im Herd warmhalten.

6. Noch etwas Öl erhitzen und die Leberstücken braten. Vorsicht – es spritzt. Die Leber erst salzen, wenn sie fertig gebraten ist!

7. Milch erwärmen.

8. Sind die Kartoffeln gar, das Wasser abgießen, dämpfen und mit einem Kartoffelstampfer zerkleinern. Warme Milch und eine Ecke Butter unterrühren und mit Salz abschmecken.

9. Leber, Zwiebelgemüse und Kartoffelstampf auf einem Teller anrichten. Hmmm....

NUDELN MIT BOLOGNESE

2 Portionen

½ Packung Spaghetti

300 g Gehacktes halb und halb

1 kleine Dose gehackte Tomaten

1 mittlere Zwiebel

2 Knoblauchzehen

Tomatenmark nach Geschmack

1 Packung Reibekäse

Salz

Pfeffer

Chili

Öl

2 Esslöffel Mehl

1. Zwiebel pellen und würfeln. Knoblauch pellen und würfeln. Öl in einem größeren Topf erhitzen, das Hackfleisch kräftig anbraten und dabei zerkleinern. Zwiebel und Knoblauch mit anbraten. Salzen, pfeffern und Chili hinzufügen. Die Dosentomaten dazugeben und nach Geschmack Tomatenmark hinzufügen. Ca. ¼ Liter Wasser dazugießen. Kräftig umrühren. Alles aufkochen lassen. In einem weiteren ¼ Liter Wasser etwas Salz und

zwei Esslöffel Mehl verquirlen und unter die Soße rühren. Abschmecken und bei geringer Hitze und geschlossenem Deckel ca. 10 min köcheln lassen.

2. Reichlich leicht gesalzenes Wasser in einem nicht zu kleinen Topf erhitzen. Wenn das Wasser siedet, die Spaghetti hineingeben. Nach ca. 7 min kosten, ob sie weich sind oder al dente – wie man möchte. Ggf. noch weiter kochen lasssen.

3. Sind die Spaghetti gar, in einen Durchschlag geben und gut abtropfen lassen.

4. Spaghetti mit der Bolognese und etwas Reibekäse auf einem tiefen Teller anrichten. Fertig. Hmmm….

NUDELN MIT KOHL

2 Portionen

½ mittelgroßer Weißkohl

1 Packung geräucherten Bauchspeck

1 große Zwiebel

½ Packung kurze Bandnudeln

Öl zum Braten

Salz, Pfeffer, gemahlener Kümmel

1. Die Nudeln in reichlich leicht gesalzenes kochendes Wasser geben. Ca. 12 min bei leicht sprudelndem Wasser ohne Deckel kochen, prüfen, bis gewünschte Konsistenz erreicht ist. In einem Durchschlag abgießen.
2. Den Speck grob würfeln.
3. Die Zwiebel pellen und klein würfeln.
4. Den Kohl halbieren, den Strunk herausscheiden und feinblättrig schneiden.
5. Öl in einer Pfanne erhitzen, Speck und Zwiebel hinzufügen und anbraten – die Zwiebel darf nicht schwarz werden, ggf. Hitze reduzieren.
6. Den geschnittenen Kohl zu dem Bauchspeck und der Zwiebel hinzufügen und ebenfalls anbraten. Wenn der

Kohl ein bisschen Farbe angenommen hat, salzen, pfeffern und gemahlenen Kümmel dazu. Einen Schluck Wasser hinzufügen und bei geschlossenem Deckel ca. 30 – 40 min bei geringer bis mäßiger Hitze garen lassen.

7. Probieren, ob der Kohl weich ist. Dann die Nudeln hinzufügen. Mit Salz, Pfeffer und gemahlenem Kümmel abschmecken. Fertig. Hmmmm….

ZUCCHINIGEMÜSE MIT SALZKARTOFFELN

2 Portionen

1 Kg grüne oder gelbe Zucchinis

1 Zwiebel

1 Packung gewürfelten Speck

1 Dose gehackte Tomaten

Ca. 4 mittlere Kartoffeln

Salz

Pfeffer

Chili

Öl

1. Die Zucchinis waschen, halbieren und mit einem Esslöffel aushöhlen. Die Kerne wegwerfen. Von jeder Frucht eine kleine Ecke roh probieren, ob sie auch nicht bitter schmeckt. Dann die Zucchinis mundgerecht würfeln – nicht zu klein und nicht zu groß.
2. Zwiebel pellen und würfeln. Olivenöl oder Rapsöl in einem großen Topf erhitzen und die Zwiebelwürfel sowie die Schinkenwürfel darin anschwitzen bis sie etwas Farbe bekommen.

3. Die Zucchiniwürfel und die gehackten Tomaten hinzufügen. Würzen und bei geringer Hitzezufuhr ca. 15 min garen lassen.

4. Kartoffeln schälen, in grobe Stücke schneiden, in Salzwasser aufkochen und bei mäßiger Hitze ca. 15 min köcheln lassen.

5. Wenn die Zucchinis gar sind, abschmecken, ggf. nachwürzen. Falls zu viel Flüssigkeit im Topf ist: etwas Wasser und einen gehäuften Esslöffel Mehl in einem Becher verquirlen und das Gemüse damit andicken.

6. Die Kartoffeln prüfen, abgießen und auf der heißen Herdplatte dämpfen.

7. Das Gemüse mit den Kartoffeln anrichten. Fertig. Hmmm……

VEGETARISCHES

APFEL-KICHERERBSEN-CURRY

2 Portionen

1 große Zwiebel oder 2 – 3 kleine Zwiebeln

3 mittlere Äpfel

1 Dose Kichererbsen (400g)

1 El Öl

1 Tasse Gemüsebrühe (aus Instantbrühe mit heißem Wasser
anrühren)

Kokosmilch nach Gefühl

Salz, Pfeffer

3 Teelöffel Curry

Nach Belieben Koriandergrün

2 Beutel Reis

1. Zwiebel pellen und fein würfeln.
2. Äpfel waschen, vierteln, Gehäuse ausschneiden und in
   dünne Spalten schneiden.
3. Kichererbsen abspülen und abtropfen lassen.
4. Öl erhitzen, Zwiebelwürfel glasig dünsten.
5. Die Apfelspalten dazugeben und ca. 4 – 5 min
   mitdünsten.
6. Die Tasse Brühe hinzufügen.

7. Kokosmilch (in der Dose schön umrühren!) nach Gefühl und Geschmack hinzufügen, köcheln lassen.

8. Mit Salz, Pfeffer, Curry abschmecken.

9. Kichererbsen untermischen und heiß werden lassen.

10. Nochmals abschmecken.

11. 2 Beutel Reis nach Anleitung kochen.

12. Curry und Reis in einem tiefen Teller servieren. Wenn gewünscht, gehackten Koriander darüberstreuen. Fertig. Hmmm....

BLUMENKOHL MIT KARTOFFELSTAMPF

2 Portionen

1 mittlerer Blumenkohl

3 cm breite Scheibe Butter

Paniermehl

Salz

5 – 6 Kartoffeln

Eine Ecke Butter

2 Tassen Milch

2 Eier *oder* zwei Geflügelsteaks *oder* zwei Schnitzel

1. Den Blumenkohl in einen Topf mit Salzwasser geben. Zum Kochen bringen und ca. 15 min weichkochen. Die Bissfestigkeit des Blumenkohls mit einer Gabel prüfen. Er darf nicht zu fest, aber auch nicht zu weich sein. Wenn der Blumenkohl die gewünschte Konsistenz hat, in einen Durchschlag geben und abtropfen lassen.

2. In der Zwischenzeit Kartoffeln schälen, in grobe Stücke schneiden und in Salzwasser ca. 15 min garkochen. Während die Kartoffeln kochen, die Milch erwärmen. Wenn die Kartoffeln gar sind, abgießen, dämpfen und mit dem Kartoffelstampfer klein stampfen. Dazu eine Ecke Butter, etwas Milch nach Gefühl, ggf. noch etwas Salz

und etwas geriebene Muskatnuss. Kräftig durchrühren. Falls zu fest, noch etwas Milch nachgießen. Bei Bedarf noch einmal mit dem Stampfer bearbeiten.

3. In einem kleinen Topf die Scheibe Butter zerlassen, Paniermehl nach Gefühl einstreuen, leicht bräunen lassen und über den Blumenkohl geben.

Dazu passt ein Spiegelei oder ein kleines Geflügelsteak oder ein paniertes Schnitzel.

1. Schnitzel panieren und braten
2. Das Schnitzel waschen, mit Küchenkrepp trocknen, von beiden Seiten salzen und pfeffern.
3. Zuerst von beiden Seiten in durchgeschlagenes Ei (leicht gesalzen und gepfeffert) legen, dann in Paniermehl (auf einem flachen Teller).
4. Anschließend Öl in einer kleinen Pfanne erhitzen und die Schnitzel von beiden Seiten ca. 4 Minuten braten. Die Hitze dabei etwas drosseln, damit die Panade nicht schwarz wird.

BUNTE REISPFANNE

2 Portionen

2 Kochbeutel Reis

2 große Möhren

1 Dose Gemüsemais

1 Dose Champignons in Scheiben

1 rote Paprika

1 große Zwiebel

1 große Tomate

Salz und Pfeffer,

Chilipulver, Paprikapulver, Curry

Öl (am besten Olivenöl, anderes geht aber auch)

1. Den Reis nach Anleitung aus der Packung zubereiten: reichlich leicht gesalzenes Wasser zum Kochen bringen. Die beiden Reisbeutel hineingeben und 15 min in leicht sprudelndem Wasser kochen lassen. Rausnehmen, abtropfen lassen und den Kochbeutel aufschneiden.

2. Möhren putzen, Zwiebel pellen, Paprika entkernen und aus der Tomate den Strunk ausstechen. Dann das Gemüse fein würfeln.

3. Etwas Öl in einem großen Topf erhitzen, nicht zu heiß werden lassen, das gewürfelte Gemüse hinzufügen, einen Schluck Wasser dazu, leicht salzen und pfeffern und bei geschlossenem Deckel ca. 10 min. garen lassen. Hitze etwas reduzieren.
4. Das Gemüse prüfen. Wenn es gar ist, die gewünschte Menge Mais und Champignons dazugeben, den Reis untermischen und mit den Gewürzen abschmecken. Bei Bedarf noch einen Schuss Öl hinzugeben. Fertig. Hmmm....

Variante

200 – 300 g Puten- oder Hähnchenfleisch würfeln, anbraten, salzen, pfeffern, Curry dazu und die Fleischwürfel unter die Pfanne mischen.

EIERKUCHEN MIT APFELMUS

2 Portionen

2 Eier

250 g Mehl

½ Liter Milch

Eine Prise Salz

½ Teelöffel Backpulver

1 Päckchen Vanillezucker

Öl zum Braten

1 kleines Glas Apfelmus

1. Alle Zutaten in einem etwas höheren Gefäß verquirlen mit einem Quirl, Mixer oder Pürierstab, so, dass keine Klümpchen entstehen.
2. Das Öl in einer Pfanne erhitzen, gute Hitzezufuhr, nicht zu wenig. Die Pfanne sollte mit Öl bedeckt sein, aber nicht in Öl schwimmen.
3. Wenn das Fett heiß ist, mit einer Suppenkelle etwas Teig in die Pfanne geben. Nicht zu viel, dann wird der Eierkuchen nicht so groß und lässt sich leichter wenden. Wenn der Teig auf der Pfanne nicht mehr flüssig ist oder nur noch ein ganz klein wenig, den Eierkuchen mit einem

Pfannenwender wenden. Während des Bratens mit dem Wender kurz am Rand anheben und die Farbe prüfen.

4. Den fertigen Eierkuchen auf einen Teller geben und diesen in die leicht vorgewärmte Backröhre (ca. 80 Grad) stellen. Nun solange braten, bis der Teig alle ist.

5. Die Eierkuchen mit Zucker, Zimt und Zucker und/ oder Apfelmus servieren. Mmmm…

GEMÜSE – GRUNDREZEPT

Möhren, Erbsen, Kohlrabi, Rosenkohl oder Porree

Salz

Zucker

Eine Ecke Butter

Eventuell Muskat

Eventuell Petersilie

1. Die gewünschte Menge Gemüse putzen, zerkleinern, leicht mit Wasser bedecken, salzen und in ca. 10 – 12 Minuten garen.
2. Probieren, ob das Gemüse gar ist und dann das Wasser abgießen.
3. Eine Ecke Butter unterrühren und mit Salz abschmecken.
4. Kohlrabi und Rosenkohl mit Muskat verfeinern.
5. Möhren, Erbsen und Kohlrabi mit gehackter Petersilie verfeinern.

Variante:

1. Das Kochwasser im Topf lassen, falls zu viel, etwas abgießen.
2. Gut ein Esslöffel Mehl in ein wenig leicht gesalzenem Wasser verquirlen und unterrühren.
3. Aufkochen lassen und eine Ecke Butter unterrühren. Abschmecken. Die Konsistenz sollte sämig sein.
4. Muskat oder Petersilie siehe oben.

KARTOFFELAUFLAUF

2 Portionen - reichlich

1 kg vorwiegend festkochende Kartoffeln

1 Knoblauchzehe

Butter für die Form

Salz und weißer Pfeffer

1 Becher Sahne

¼ Liter Milch

Reibekäse nach Geschmack

Etwas Butter

Auflaufform

1. Die Kartoffeln schälen, waschen und in feine Scheiben schneiden – ggf. dafür halbieren oder, wenn vorhanden, fein hobeln. Die Knoblauchzehe schälen, halbieren, die Auflaufform damit ausreiben und anschließend mit einem Stückchen Küchenpapier die Form mit Butter einstreichen.
2. Den Backofen auf 200 Grad vorheizen, die Kartoffelscheiben Schicht für Schicht in die Form legen und dabei jede Lage leicht salzen und pfeffern.

3. Die Sahne und die Milch mischen, kräftig salzen und pfeffern. Den Reibekäse über den Kartoffeln verteilen und kleine Butterflöckchen darüber geben.
4. Den Auflauf im Ofen bei 200 Grad ca. eine Stunde goldbraun backen.

Variante: 250 g Kartoffeln durch Tomaten ersetzen, in dünne Scheiben schneiden und immer nach 2 Reihen Kartoffeln eine Reihe Tomaten einschichten.

Frischen Blattsalat dazu, z. B. Feldsalat – mit Essig, Öl, Salz, Pfeffer anrichten – mmmm….

MILCHREIS MIT ZIMTZUCKER UND APFELMUS

2 Portionen

1 Liter Vollmilch

250 g Milchreis

4 Esslöffel Zucker

1 Päckchen Vanillezucker

1 Esslöffel Butter

Gemahlenen Zimt

Zucker

Apfelmus

1. In einem großen (!) Topf die Butter schmelzen, anschließend den Rundkornreis kurz in der Butter anschwitzen. Nun die zimmerwarme Vollmilch sowie 4 EL Zucker hinzugeben. Ein Päckchen Vanillezucker hinzufügen. Alles unter vorsichtigem Rühren mit dem Holzkochlöffel einmal aufkochen lassen und dabei aufpassen, dass nichts am Topfboden ansetzt.

2. Nun die Temperatur der Herdplatte zurückschalten - die Milch sollte ganz leicht weiterköcheln. Den Milchreis im

geschlossenen Topf circa 30 Minuten ziehen lassen. Nach ca.15 Minuten, evtl. auch früher, umrühren.

3. Nach 30 Minuten ist der Reis servierfertig, er kann warm und kalt gegessen werden.

4. Nach Geschmack Zimt und Zucker mischen und über den Milchreis geben oder Apfelmus, Rote Grütze, frisches Obst, etc. dazu reichen. Fertig. Hmmmm…..

MÖHRENGEMÜSE MIT SPIEGELEI UND SALZKARTOFFELN

2 Portionen

1 Büchse oder ein Glas gewürfelte Möhren

(Wer möchte, nimmt ein Bund frische Möhren)

5 – 6 mittlere Kartoffeln

1 Bund Petersilie

4 Eier

Öl zum Braten

1 Esslöffel Mehl

1 Ecke Butter

Salz, Pfeffer, Zucker

1. Kartoffeln schälen, in Stücke schneiden, mit leicht gesalzenem Wasser bedecken und zum Kochen bringen. Ca. 15 min. garkochen.

2. Möhren aus dem Glas mit Flüssigkeit und ggf. etwas zusätzlichem Wasser zum Kochen bringen, nach Bedarf salzen. Frische Möhren schälen, würfeln, mit etwas Salzwasser bedecken und ca. 15 min. kochen.

3. Petersilie waschen, etwas abtrocknen und mit einem großen Messer fein hacken.

4. In einer Tasse wenig Wasser mit einem gut gehäuften Esslöffel Mehl anrühren. Etwas Salz in das Wasser geben, dann wird das Mehl nicht klumpig.

5. Wenn die Möhren kochen (bzw. wenn die frischen Möhren gar sind), das angerührte Mehl dazugeben. Umrühren. Das Gemüse sollte jetzt etwas gebunden sein. Eine Ecke Butter dazugeben. Mit Salz und einer Prise Zucker abschmecken. Zum Schluss die gehackte Petersilie unterrühren. Den Topf von der Herdplatte nehmen.

6. Öl in einer Pfanne erhitzen, nicht zu wenig, die Pfanne sollte aber auch nicht schwimmen.

7. Wer sich traut, schlägt die Eier nun direkt in das heiße Öl. Ansonsten erst in eine Tasse schlagen und die Eier dann in die Pfanne geben. Falls die Pfanne nicht so groß ist, muss man zwei mal zwei Eier hintereinander braten. Die Eier während des Bratens leicht salzen und pfeffern. Ggf. die Hitze etwas reduzieren, damit die Eier am Rand nicht zu kross werden.

8. Die Kartoffeln abgießen, auf der heißen Herdplatte dämpfen, dann vom Herd nehmen.

9. Möhrengemüse, Kartoffeln und Spiegeleier auf einem Teller anrichten. Hmmm….

QUARK MIT PELLKARTOFFELN

2 Portionen

Gewünschte Anzahl Pellkartoffeln pro Person (4 bis 5)

500 g Quark 20%

Etwas Joghurt oder Milch – nach Gefühl

½ Apfel, ungeschält

1 mittlere saure Gurke

1 mittlere Zwiebel

Etwas Rapsöl

Salz, Pfeffer, Curry

Leinöl, wenn gewünscht

1. Die Keime von den Kartoffeln abschneiden, die Kartoffeln in einen Topf legen, mit Wasser bedecken und mit Deckel ca. 25 min kochen lassen – mit einem spitzen Messer anstechen, ob sie weich sind. Danach mit kaltem Wasser abspülen und pellen – wenn die Schale zart ist, kann man sie auch mitessen.

2. Den Quark in eine Schüssel tun, Zwiebel schälen (vorher in Wasser einweichen, dann geht es besser). Apfel, Zwiebel und Gurke fein würfeln, in den Quark geben, einen Schuss Rapsöl dazu, Salz, Pfeffer und Curry nach Geschmack, etwas Joghurt oder Milch dazugeben, damit

der Quark cremiger wird, alles kräftig durchrühren oder mit einem Schneebesen oder mit einem Mixer durchschlagen. Zum Schluss noch einmal abschmecken.

3. Die Kartoffeln mit dem Quark anrichten. Wer will, gießt etwas Leinöl darüber (hat aber einen leicht bitteren Geschmack, nicht jeder mag das), ersatzweise kann man sich auch ein kleines Stückchen Butter dazutun. Fertig. Hmmm…..

SENFEIER

2 Portionen

4 Eier

¼ l Wasser

¼ l Milch

2 gute Esslöffel Mehl

1 Esslöffel Senf

1 kleine Ecke Butter

Salz

Zucker

5 bis 6 mittelgroße Kartoffeln

1. Kartoffeln schälen, in grobe Stücke schneiden, mit etwas Salz und Wasser zum Kochen bringen (das Kochwasser mit dem Finger abschmecken, es sollte leicht salzig schmecken). Kartoffeln maximal 15 Minuten kochen.

2. In einem weiteren Topf Wasser zum Kochen bringen. In das kochende Wasser vier Eier geben und ca. 10 Minuten kochen lassen.

3. In dieser Zeit die Senfsoße zubereiten. Milch und Wasser in einem Becher mischen, einen Teil im Becher behalten und den Rest zum Kochen bringen. Die Flüssigkeit im

Becher etwas salzen, das Mehl dazugeben und gut quirlen, damit sich keine Klümpchen bilden. Notfalls mit dem Pürierstab nachhelfen. Wenn die Flüssigkeit im Topf kocht, das angequirlte Mehl dazugeben und dabei gut rühren. Jetzt den Senf und die Ecke Butter hinzufügen. Kräftig rühren, damit sich der Senf auflöst. Nun kosten und nach Bedarf mit Salz und einer Prise Zucker abschmecken, falls notwendig, noch etwas Senf hinzufügen.

4. Nun die Eier abschrecken und abpellen, die Kartoffeln abgießen und kurz auf der heißen Herdplatte dämpfen.

5. Die Eier mit der Soße und den Kartoffeln anrichten. Hmmm....

SPAGHETTI MIT KNOBLAUCHBUTTER

2 Portionen

½ Packung Spaghetti

½ Stück gute Butter

5 Knoblauchzehen

Salz

1. Die Knoblauchzehen abpellen und in dünne Scheiben schneiden.
2. Die Butter in einem Topf erhitzen, die Knoblauchscheiben hinzufügen und bei geringer Hitze dünsten. Die Butter sollte nicht braun oder nur ganz leicht braun werden.
3. In einem nicht zu kleinen Topf reichlich leicht gesalzenes Wasser zum Sieden bringen. Die Spaghetti hinzufügen und nach ca. 5 bis 7 Minuten prüfen. Die Spaghetti je nach Geschmack al dente oder weichkochen – immer mal probieren.
4. Die fertigen Nudeln in einen Durchschlag geben und gut abtropfen lassen.
5. Spaghetti in eine Schüssel geben, Knoblauchbutter darüber gießen. Bei Bedarf etwas nachsalzen. Fertig. Hmmm.....

TOMATENRÜHREI MIT BRÖTCHEN

2 Portionen

3 – 4 Eier

1 Schuss Milch

1 Zwiebel

1 große Tomate

Salz und Pfeffer

Öl

2 Brötchen, frisch oder Tiefkühlware

1. Brötchen aufbacken – frische Brötchen 3 bis 4 Minuten bei 180 Grad, Tiefkühlbrötchen ca. 12 min.
2. Zwiebel und Tomate würfeln, Öl erhitzen, Zwiebeln und Tomaten hinzufügen und glasig dünsten.
3. Eier mit einem Schuss Milch und den Gewürzen verquirlen - vorsichtig salzen und dann abschmecken.
4. Die gequirlten Eier über das Tomaten-Zwiebel-Gemüse geben und stocken lassen. Dabei leicht mit dem Pfannenwender rühren, damit sich Eierflocken bilden. Das Ganze ein wenig auf der Pfanne ruhen lassen, bis die Eier etwas braun gebraten sind, wenden und von der anderen Seite braun anbraten lassen. Ist die gewünschte Farbe erreicht, ist das Tomatenrührei fertig. Ein Butterbrötchen dazu. Hmmm.....

SPINAT MIT SPIEGELEI

2 Portionen

4 Eier

1 Packung Tiefkühl-Rahmspinat

(oder 1 Packung gehackten Tiefkühlspinat und eine Zwiebel)

5 – 6 mittlere Kartoffeln

Salz

Pfeffer

Öl zum Braten

1. Kartoffeln schälen, mit etwas Salz und Wasser zum Kochen bringen (das Kochwasser mit dem Finger abschmecken, es sollte leicht salzig schmecken). Kartoffeln maximal 15 Minuten kochen.
2. Den Rahmspinat entweder in der Mikrowelle auftauen oder im Topf. Im Topf darf der Spinat nur bei mäßiger Hitze und mit einem Deckel aufgetaut werden, sonst brennt er an.
3. Wer möchte, nimmt nicht den fertigen Rahmspinat, sondern bereitet den Spinat selbst zu. Dazu etwas Öl in einen Topf geben, die Zwiebel klein würfeln und in dem heißen Öl glasig dünsten. Die Spinatpellets dazugeben und ebenfalls mit geschlossenem Deckel und bei

mittlerer Hitze auftauen und 10 min garen lassen. Mit Salz und Pfeffer abschmecken, gegebenenfalls überflüssige Flüssigkeit durch ein feines Sieb abgießen.

4. Ist der Spinat fertig und sind die Kartoffeln fast gar, geht es ans Eierbraten. Eine Pfanne aufsetzen, den Boden leicht mit Öl bedecken, das Öl darf aber nicht schwimmen.

5. Wenn das Fett heiß ist, zwei oder vier Eier hineingeben – je nach Größe der Pfanne. Wer geübt ist, kann die Eier am Pfannenrand aufschlagen. Leichter ist es, man schlägt sie vorher in eine kleine Schüssel. Die Eier leicht salzen und pfeffern – lieber weniger als zu viel. Die Eier solange braten, bis sie optisch gut wirken.

6. Die Kartoffeln abgießen und leicht auf der heißen Herdplatte dämpfen. Spiegeleier mit Spinat und Kartoffeln anrichten. Das restliche Bratenfett über die Kartoffeln gießen. Hmmmm....

SUPPEN

APFEL-MÖHREN-SUPPE

3 mittlere Zwiebeln

2 kleine geschälte Äpfel

3 große geschälte Möhren

1 Stange Staudensellerie (oder 1 apfelgroßes Stück Sellerie)

Instantbrühe

Etwas saure Sahne

1. Zwiebeln in Würfel (nicht zu fein) schneiden und in Öl glasig anschwitzen.
2. Mit 2 gehäuften EL Mehl bestäuben und mit ¾ l (Hühner)brühe ablöschen (oder entsprechend Wasser und 1 EL Instant-Brühe hinzufügen).
3. Äpfel, Möhren und Sellerie dazugeben.
4. Salzen, ein Lorbeerblatt dazu, ggf. etwas getrockneten Salbei, ca. 15 min bei mittlerer Hitze weichkochen.
5. Lorbeerblatt rausnehmen, alles pürieren, mit Salz, ggf. etwas Chili abschmecken.
6. Mit etwas saurer Sahne anrichten. Hmmmm…..

HÜHNER-NUDEL-SUPPE

2 Hühnerkeulen

¼ Packung kurze Bandnudeln

1 Packung Suppengrün

2 Knoblauchzehen

1 mittlere Zwiebel

Salz

Pfeffer

Curry

Petersilie

1. Das Suppengrün putzen und klein schneiden. Zwiebel und Knoblauch putzen und würfeln.
2. Die Hühnerkeulen waschen, mit dem Suppengrün, Zwiebeln und Knoblauch in einem Topf ansetzen und mit Wasser bedecken. Salzen und pfeffern, zum Sieden bringen und bei geringer Hitze ca. 1 bis 1,5 Stunden garen.
3. Die Nudeln nach Packungsanleitung kochen.
4. Ist das Hühnerfleisch gar, dann aus dem Topf nehmen, die Knochen entfernen, klein würfeln und wieder in den Topf geben. Die gekochten Nudeln hinzufügen.
5. Petersilie hacken und unterrühren. Mit den Gewürzen abschmecken. Fertig. Hmmm…..

KARTOFFELSUPPE

500 g Kartoffeln

1 Pckg. Suppengrün

1 mittlere Zwiebel

2 Knoblauchzehen

Petersilie

Salz

Pfeffer

Majoran

1 ¼ l Wasser oder Brühe

3 – 4 Wiener

Öl

1. Kartoffeln und Suppengrün schälen bzw. putzen und in grobe Stücke schneiden, in einen Topf geben, salzen, pfeffern, Majoran dazu und alles mit dem Wasser auffüllen und zum Sieden bringen. Bei mäßiger Hitze garkochen.

2. Knoblauch und Zwiebel hacken und die Wiener in dünne Scheiben schneiden. Öl in einer Pfanne erhitzen und Zwiebel und Knoblauch anschwitzen, bis sie etwas Farbe angenommen haben. Die Würstchenscheiben hinzufügen und unter leichtem Rühren anbräunen.

3. Sind die Kartoffeln und das Gemüse gar, alles mit einem Kartoffelstampfer klein stampfen. Die Zwiebel-Würstchen-Pfanne hinzufügen. Petersilie klein hacken und unterrühren. Mit Salz und Pfeffer abschmecken. Fertig. Hmmm.....

KÄSE-PORREE-SUPPE

300 g Hackfleisch

2 Stangen Porree

2 mittlere Kartoffeln

Einfacher Schmelzkäse

Salz

Pfeffer

Öl

1. In einem großen Topf Öl erhitzen und das Hackfleisch krümelig anbraten, salzen und pfeffern.
2. Den Porree in ein cm große Ringe schneiden, in einem Durchschlag waschen. Kartoffeln schälen und würfeln. Beides zum Hackfleisch hinzufügen, mit Wasser aufgießen, sodass alles mäßig bedeckt ist. Salz und Pfeffer zugeben. Ca. 10 bis 12 min garkochen.
3. Probieren. Wenn das Gemüse gar ist, Schmelzkäse nach Belieben hinzufügen. Kräftig umrühren bis der Käse sich löst. Bei Bedarf etwas Wasser hinzufügen. Mit Salz und Pfeffer abschmecken. Fertig. Hmmm.....

KOHLRABISUPPE (AUCH SPARGEL- ODER BLUMENKOHLSUPPE)

250 g Kohlrabi (oder Blumenkohl oder Spargel)

2 mittlere Kartoffeln

Petersilie

¾ l Wasser

¼ l Milch

Salz

3 Esslöffel Mehl

Zucker

1 Ecke Butter

1. Das geputzte und gewürfelte Gemüse und die geschälten, gewürfelten Kartoffeln mit ¼ l Wasser und 1 Teelöffel Salz garkochen (ca. 10 – 12 min). Dann das restliche Wasser auffüllen.
2. Das Mehl in der leicht gesalzenen Milch anquirlen und damit die Suppe binden. Vor dem Anrichten eine Prise Zucker und frische Butter zugeben. Zur Verfeinerung kann auch ein Eigelb in die Milch gequirlt werden.
3. Petersilie hacken und Unterrühren. Mit Salz abschmecken. Fertig. Hmmm….

KÜRBISSUPPE

1 Hokkaido ca. 1 – 1,5 kg

Ca 600 g Möhren

2 mittlere Zwiebel

1 Dose Kokosmilch

1 El. Gemüsebrühe als Pulver

Salz

Chiliflocken oder Cayennepfeffer

Nach Belieben etwas geriebenen Ingwer

1. Kürbis und Möhren schälen und in grobe Stücke schneiden
2. Zwiebel pellen und in Würfel schneiden, nicht zu fein.
3. In einem großen Topf etwas Öl erhitzen
4. Die Zwiebelwürfel hinzufügen und glasig werden lassen
5. Möhren und Kürbis hinzufügen, mit Wasser bedecken
6. Gemüsebrühe hinzufügen und salzen – Vorsicht! – lieber später noch mal abschmecken!
7. Aufkochen und dann bei kleinerer Hitze ca. 20 min köcheln lassen.
8. Wenn das Gemüse weich ist, mit einem Pürierstab pürieren, bis keine Stücke mehr vorhanden sind – Kokosmilch hinzufügen, auch pürieren.

9. Mit Salz, Chili oder Cayennepfeffer und wenn gewünscht Ingwer abschmecken.

10. Fertig. Hmmm…..

Wer möchte, kann noch ein paar Kürbiskerne auf der Pfanne rösten und darüberstreuen – vorsichtig, nicht verbrennen lassen beim Rösten.

LINSENSUPPE

250 Kassler

250 g getrocknete Tempolinsen

1 Pckg. Suppengrün

3 mittlere Kartoffeln

1 mittlere Zwiebel

1 Lorbeerblatt

5 Gewürzkörner (Piment oder Wacholder)

Salz

Pfeffer

1. Das Kassler mit einer kleingeschnittenen Zwiebeln, den Gewürzkörner und dem Lorbeerblatt in leicht gesalzenem Wasser zum Kochen bringen und bei mittlerer Hitze ca. 45 min garen.
2. Suppengrün putzen und kleinschneiden, Kartoffeln schälen und würfeln.
3. Das Fleisch aus dem Topf nehmen und in mundgerechte Würfel schneiden.
4. Fleischwürfel, Gemüse, Kartoffeln und Linsen in das Wasser geben, aufkochen und bei mäßiger Hitze ca. 15 min garen lassen. Mit Salz und Pfeffer abschmecken.

Fertig. Wer möchte, kann die Suppe süß-sauer mit etwas
Essig und Zucker genießen. Hmmmm…..

Variante:

Statt des Kasslers kannst du einfach eine oder zwei Knacker in
die Suppe geben – entweder klein schneiden oder als Ganze
dazu essen.

MÖHRENEINTOPF

250 g Kassler

500 g Möhren

1 mittlere Zwiebel

3 mittlere Kartoffeln

1 Lorbeerblatt

5 Gewürzkörner (Piment oder Wacholder)

Salz

Pfeffer

Zucker

1 Ecke Butter

2 El Mehl

Petersilie

1. Das Kassler im Stück in leicht gesalzenem Wasser zum Kochen bringen. Die Zwiebel pellen, in grobe Stücke schneiden und mit dem Lorbeerblatt und den Gewürzkörnern hinzufügen.
2. Möhren und Kartoffeln mit einem Sparschäler schälen. Die Möhren in 0,5 cm dicke Halbscheiben schneiden, die Kartoffeln würfeln.

3. Nach ca. 45 min das Fleisch aus dem Topf nehmen und mundgerecht würfeln. Fleischwürfel, Möhren und Kartoffeln ca. 15 min bei mäßiger Hitze kochen lassen.

4. Wenn alles gar ist, das Mehl in ein wenig leicht gesalzenem Wasser verquirlen, zu der Suppe geben, umrühren und aufkochen lassen.

5. Mit den Gewürzen abschmecken. Eine Ecke Butter und gehackte Petersilie unterrühren. Fertig. Hmmm…..

ROSENKOHLSUPPE

400 g Rosenkohl

2 mittlere Kartoffeln

1 Pckg. Schinkenwürfel

Pfeffer

Salz

Muskat

2 El Mehl

1 Ecke Butter

1. Die Röschen putzen und halbieren. Kartoffeln schälen und würfeln. Kohl und Kartoffeln mit leicht gesalzenem Wasser bedecken und zum Sieden bringen. Ca. 15 min bei mäßiger Hitze garen.
2. Das Mehl in etwas leicht gesalzenem Wasser verquirlen. Wenn der Kohl gar ist, die Suppe damit binden.
3. Die Schinkenwürfel hinzufügen und noch einmal 2 min köcheln lassen.
4. Eine Ecke Butter unterrühren, mit Pfeffer, Salz und Muskat abschmecken. Fertig. Hmmm....

SCHNELLE ERBSENSUPPE

1 – 2 Zwiebeln – je nach Größe
Gemüsebrühe
Tiefkühlerbsen – Menge nach Wunsch (Vorschlag ½ Tüte)
2 – 3 Kartoffeln – je nach Größe
Petersilie
Öl

1.) Zwiebeln in Wasser einweichen, dann lassen sie sich leichter schälen.

2.) Kartoffeln mit dem Sparschäler schälen und in mundgerechte Würfel schneiden.

3.) Die Kartoffeln mit Wasser und etwas Salz aufsetzen. Wenn das Wasser kocht, Hitze reduzieren und ca. 5 – 7 min köcheln lassen, dann prüfen, ob die Kartoffeln gar sind, wenn ja, Wasser abgießen.

4.) Während die Kartoffeln kochen – die Zwiebel pellen und würfeln, nicht zu fein.

5.) Öl in einem Topf erhitzen und die Zwiebeln darin glasig dünsten.

6.) Ca. ½ Liter Gemüsebrühe anrühren (ca. 1 – 2 flache Esslöffel mit heißem Wasser übergießen) und zu den Zwiebeln hinzufügen.

7.) Tiefkühlerbsen hinzufügen. Aufkochen und dann bei mittlerer Hitze ca. 10 – 15 min köcheln lassen.

8.) Mit einem Pürierstab die Erbsen pürieren.

9.) Wenn nötig, etwas Wasser hinzufügen – Die Konsistenz sollte so sein, wie man die Suppe gerne mag.

10.)   Mit Salz und etwas Pfeffer abschmecken.

11.)   Die gekochten Kartoffelwürfel unterrühren.

12.)   Petersilie fein hacken und unterrühren.

13.)   Fertig. Hmmm....

Für Fleischesser: Wer will, kann nach dem Pürieren noch kurz ein paar Schinkenwürfel mitkochen.

FÜR MUTIGE

GESCHMORTE HÄHNCHENKEULEN MIT CHAMPIGNONS

2 Portionen

2 frische Hähnchenkeulen

1 Dose oder Glas geschnittene Champignons

1 Zwiebel

5 mittlere Kartoffeln

Petersilie

Öl

Salz

Pfeffer

Mehl

Eine Ecke Butter

Rotwein

1. Die Hähnchenkeulen waschen, trockentupfen, salzen und pfeffern. Öl in einem Topf erhitzen und die Keulen von beiden Seiten kräftig anbraten. Etwas Wasser hinzugeben. Deckel drauf und bei geringer Hitze ca. 1 Stunde schmoren lassen.

2. Kartoffeln schälen, in grobe Stücke schneiden, mit etwas Salz und Wasser zum Kochen bringen (das Kochwasser mit dem Finger abschmecken, es sollte leicht salzig

schmecken). Kartoffeln maximal 15 Minuten kochen. Wenn sie gar sind, Wasser abgießen und dämpfen. Ggf. den Topf in ein Handtuch wickeln und unter einer dicken Decke warmhalten.

3. Die Zwiebel pellen und fein würfeln. Öl in einem Topf erhitzen, die Zwiebel hinzufügen und glasig dünsten. Die Champignons abgießen, Wasser aufheben und die Champignons zu der gedünsteten Zwiebel hinzufügen. Das Champignonwasser mit gut 1 Esslöffel Mehl anrühren und damit die Pilze andicken. Mit Salz, Pfeffer und Butter abschmecken. Nach Belieben etwas gehackte Petersilie unterrühren.

4. Die Hähnchenkeulen mit einer Gabel anstechen und prüfen. Sind sie gar, dann die Keulen aus dem Topf nehmen. ¼ Liter Wasser mit 1 Esslöffel Mehl anrühren und den Bratenfond damit andicken. Nach Geschmack mit etwas Rotwein, Salz und Pfeffer abschmecken.

5. Die Keule mit Champignons und Salzkartoffeln auf einem Teller anrichten. Hmmm.....

GEMISCHTER GULASCH

250 g Rindfleisch

250 g Schweinefleisch

80 g fetten Speck oder Fett

2 Knoblauchzehen

Salz

2 gute Esslöffel Mehl

1 Lorbeerblatt

fertiges Gulaschgewürz aus dem Supermarkt

5 Gewürzkörner (Piment oder Wacholderbeeren)

3 große Zwiebeln

1 Becher saure Sahne

½ l Brühe (aus Instantbrühe und heißem Wasser herstellen)

1 Glas Rotwein

1. Das Fleisch mundgerecht würfeln, den Speck klein würfeln, die Speckwürfelchen anschwitzen und das Fleisch darin anbraten, salzen und Mehl darüber streuen.
2. Gewürze, Zwiebelringe und gehackten Knoblauch hinzufügen. Saure Sahne darüber gießen und die Bratflüssigkeit verdampfen lassen.

3. Nach und nach die heiße Brühe auffüllen und das Fleisch unter mehrfachem Umrühren zugedeckt gar schmoren (ca. 1 – 1,5 h).

4. Probieren, ob das Fleisch gar ist. Mit Gulaschgewürz und Rotwein abschmecken. Dazu passen Salzkartoffeln oder Reis. Hmmm….

PUTENGESCHNETZELTES MIT CHAMPIGNONS

2 Portionen

1 Packung frische Puten- oder Hähnchenschnitzel ca. 400 g

1 Zwiebel

2 Knoblauchzehen

1 kleine Dose Champignons

1 Kochbeutel Reis

¼ l Milch

Salz

Pfeffer

Curry

Mehl

Öl

1. Die Putenschnitzel waschen und trockentupfen. In feine Streifen schneiden.
2. Zwiebel und Knoblauch pellen und fein würfeln.
3. Die Champignons abgießen. Das Wasser aufheben
4. Öl in einem Topf erhitzen und das Fleisch kräftig anbraten. Zwiebel und Knoblauch hinzufügen.

5. Das Champignonwasser mit der Milch mischen, insgesamt sollte es ½ l ergeben. Etwas salzen und 2 Esslöffel Mehl unterquirlen.

6. Champignons und die Flüssigkeit in das Fleisch rühren und aufkochen. Mit Salz, Pfeffer und reichlich Curry würzen. Dann bei geringer Hitze ca. 15 min köcheln lassen.

7. Den Reis nach Packungsanleitung zubereiten.

8. Das Geschnetzelte abschmecken und mit dem Reis auf einem tiefen Teller anrichten. Hmmm…..

ROULADEN

2 Rouladen – Rind oder Schwein

Senf

1 Zwiebel

30 g fetten Speck

Salz

Pfeffer

Öl

¼ l Wasser

1 Esslöffel Mehl

1. Die Fleischscheiben klopfen und mit Senf bestreichen, mit halben Zwiebelringen und mit schmalen Speckstreifen belegen, salzen und pfeffern.
2. Das Ganze zusammenrollen und am besten mit einem weißen Faden umwickeln oder mit Rouladennadeln zusammenstecken.
3. In einem Topf in heißem Fett ringsum anbraten bis das Fleisch Farbe bekommt. Nach und nach heißes Wasser zugießen und die Rouladen gar schmoren (1 bis 1,5 Stunden).

4. Die Rouladen aus dem Topf nehmen, das Mehl mit etwas leicht gesalzenem Wasser verquirlen und damit die Soße andicken. Kurz aufkochen.

5. Fäden entfernen und die Rouladen mit Salzkartoffeln servieren. Nach Wunsch dazu Möhren-, Erbsen-, Kohlrabi- oder Porreegemüse reichen. Hmmm.....

ZUR BELOHNUNG

JANAS KIRSCHKUCHEN

Boden – Rührteig

125 g Mehl

100 g Zucker

100 g weiche Butter

2 Eier

1 TL Backpulver

Streusel

200 g Mehl

100 g Zucker

125 g weiche Butter

2 große Gläser Sauerkirschen

1. Die Sauerkirschen gut abtropfen lassen.
2. Die Zutaten für den Boden mit einem Mixer nach und nach verrühren.
3. Eine Springform ausfetten und mit Semmelmehl oder Gries ausbröseln.
4. Den Teig in die Springform geben und gut verteilen.
5. Die Sauerkirschen auf dem Boden verteilen.

6. Die Zutaten für die Streusel mit der Hand verkneten und die Streusel über den Kirschen verteilen.

7. Den Kuchen 40 min bei 180 Grad backen.

8. Auskühlen lassen, mit frischer Schlagsahne genießen, hmmm....

Na – gelungen? Kochen ist gar nicht so schwer. Ich hoffe, es hat dir Freude gemacht und Lust auf mehr. Die Tiefkühlpizza ist dann hoffentlich Geschichte …..

Es geht doch nichts über Selbstgekochtes – oder?

Hmmm……